AF258112

RÉFUTATION

DE LA IIe. LETTRE

DE M. LE V^{TE}. DE CHATEAUBRIANT

A UN PAIR DE FRANCE,

SUR L'INDEMNITÉ

ET LA RÉDUCTION DE LA RENTE;

Par DELORME (DU CHER).

A PARIS,

Chez DELAFOREST, LIBRAIRE, RUE DES FILLES-
SAINT-THOMAS, N°. 7;
DELAUNAY ET SAMSON, LIBRAIRES, PALAIS-ROYAL,
GALERIES DE BOIS.

1825.

AVERTISSEMENT.

AYANT jugé combien l'agriculture et le commerce ressentiraient d'effets salutaires par la réduction des rentes, tel que le ministère l'avait présentée en 1824, je crus devoir offrir à mon pays le tribut de mes faibles lumières. Je publiai donc plusieurs Mémoires sur cette haute question, qui, par ses diverses combinaisons, embrassait le présent et l'avenir.

Je m'attachai plus particulièrement à combattre les opinions émises par M. le comte de Mosbourg et par M. le comte Roy, qui servirent de base à tous les discours des détracteurs de cette mesure, qui avait été décidée dans la haute sagesse du Roi que la France pleure encore, et qui fut soutenue aux Chambres avec une habileté remarquable par son ministre des finances, M. le comte de Villèle.

Mais que peuvent l'habileté et la sagesse contre les passions haineuses que produit l'ambition ?

Depuis trente ans n'avons-nous pas l'exemple de tous les maux dont nous sommes encore les victimes ? et cet exemple n'a cependant rien appris, puisque ce projet de loi, qui se rattachait à l'espérance d'une prospérité toujours croissante pour la France, a néanmoins été rejeté par la Chambre des Pairs.

Il entrait dans les combinaisons de M. le comte de Mosbourg de persuader que les rentiers étaient sacrifiés aux émigrés, et ces derniers, par une générosité mal entendue, puisque les deux lois n'avaient aucune connexité ensemble, ne voulaient point d'indemnités produites par la réduction de nos rentes.

M. de Mosbourg ne contestait pas la justice du principe de l'indemnité ; mais il eût voulu un autre moyen pour la payer ; il demandait un système *qui servît de base à des institu-*

tions d'intérêt général, qui le feraient consi-
dérer comme un grand bienfait public.

Cette proposition, très généreuse sans doute, offrait des difficultés presqu'insurmontables ; néanmoins, animé du désir de les vaincre, et ayant aussi le désir de prouver que les émigrés ne seraient point payés aux dépens des rentiers, je me décidai à émettre mon opinion, en me renfermant dans le cercle tracé par M. de Mosbourg.

J'allais donc publier mon système d'indemnité, lorsque la loi sur les rentes fut rejetée.

Il me fut facile alors de reconnaître l'impossibilité de persuader aux Chambres de consentir un système complexe, puisque tous les raisonnemens de M. le comte de Villèle avaient échoué pour faire accepter un projet aussi simple que celui de la réduction de la rente ; dèslors je me décidai à renvoyer à d'autres temps la publication de cette opinion.

Ainsi que je l'avais prévu, la loi sur la réduction des rentes a été représentée. Le nouveau système de la réduction n'offre point, comme celui de 1824, l'avantage de développer à l'instant même le germe de tout le bien qu'il doit produire; mais au moins il est certain que dans l'avenir, et le terme ne saurait en être éloigné que de quelques années, la France en ressentira les effets salutaires pour son crédit, son agriculture et ses fabriques.

La loi présentée est, comme en 1824, le prétexte des attaques dirigées contre le ministre des finances; comme en 1824, elles ont toute la vivacité de la fureur des partis.

Si déjà je n'avais été persuadé du danger qu'aurait couru le ministère à présenter un projet d'indemnité comme le mien, j'en aurais acquis maintenant la triste certitude. Si l'on égare l'opinion publique, en persuadant que M. le comte de Villèle détruira le crédit, lorsqu'il présente un système tellement simple, que le sens commun et la bonne foi suffisent pour le comprendre et en apprécier les heureux effets; combien il eût été plus facile à ses antagonistes de jeter de la défaveur sur un projet qui se compliquait par

la création de banques pour acquitter l'indemnité.

Si je me décide maintenant à rendre public
mon système, c'est par le motif que la loi de
l'indemnité étant présentée aux Chambres,
rien ne peut la faire retirer; c'est aussi pour
que les principes que j'émets fructifient dans
le peu de têtes financières que nous avons ;
c'est enfin pour que le ministre de nos finances en médite toutes les conséquences,
et juge, dans sa sagesse, si en l'adoptant, au
moins partiellement et pour quelques départemens du centre, il en résulterait un moyen
de développement de crédit, en même temps
qu'on y trouverait des moyens pour faire des
réserves de grains pour les cas accidentels.

Puisque les mêmes questions se représen-
tent, puisque les mêmes oppositions subsis-
tent, je crois devoir encore ajouter quelques
nouveaux moyens à ceux que j'ai précédem-
ment donnés, pour l'adoption de la réduction
de la rente afin de convaincre les hommes im-

partiaux qui recherchent la vérité, que cette mesure est dans notre intérêt général.

Je crois aussi devoir observer que l'établissement des banques, tel que j'en présente l'organisation, a contribué efficacement à la prospérité de l'agriculture en Écosse; que déjà nous avons à Paris une banque hypothécaire, dont la mise de fonds est de 5o millions; que cette banque n'aurait besoin, pour produire les plus heureux effets en faveur de l'agriculture, que d'une protection plus spéciale du gouvernement, telle que d'accorder aux emprunteurs une diminution des droits d'enregistrement, et particulièrement pour les actes anciens qu'on aurait omis de faire transcrire au bureau des hypothèques.

RÉFUTATION

DE LA IIe. LETTRE

DE M. LE Vte. DE CHATEAUBRIANT

A UN PAIR DE FRANCE.

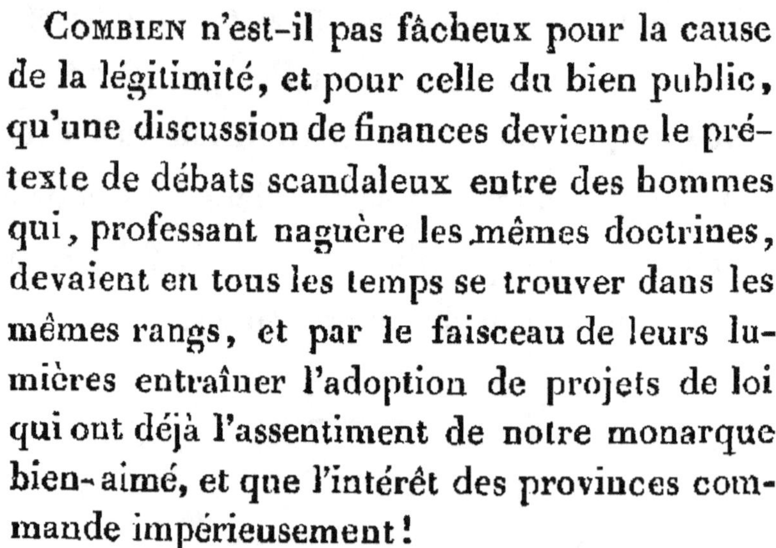

COMBIEN n'est-il pas fâcheux pour la cause de la légitimité, et pour celle du bien public, qu'une discussion de finances devienne le prétexte de débats scandaleux entre des hommes qui, professant naguère les mêmes doctrines, devaient en tous les temps se trouver dans les mêmes rangs, et par le faisceau de leurs lumières entraîner l'adoption de projets de loi qui ont déjà l'assentiment de notre monarque bien-aimé, et que l'intérêt des provinces commande impérieusement!

Combien n'est-il pas fâcheux que ce soit un ex-ministre, M. de Châteaubriant, dont la réputation, comme écrivain et comme publiciste, est européenne, qui se place à *la* tête d'une opposition systématique, et qu'abusant du prestige de son beau talent, il l'employe à tourner l'opinion publique contre les ministres de son Roi ! Heureusement les questions qui s'agitent étant toutes positives, les plus belles fictions ne peuvent résister aux démonstrations ; elles doivent donc s'évanouir devant les faits comme les songes du noble pair à son réveil. Il est donc très facile de prouver que les moyens que propose M. le Vicomte pour payer l'indemnité sont contraires au bien général, et que ceux que le ministre des finances a présentés aux Chambres sont les seuls admissibles, parce qu'ils doivent être considérés comme le complément des promesses faites par Charles X à son peuple : *indemnités sans augmentation d'impôts, sans nuire au crédit, sans changer les destinations des services publics.*

Pourquoi le noble pair, qui doit avoir la conviction qu'il est peu versé en science économique et en finances, ne s'est-il pas borné à combattre ceux qui contestent la légitimité de l'indemnité ? Quel plus bel emploi aurait-il pu faire de sa plume éloquente, et combien n'aurait-il pas eu de droits à la reconnaissance des émigrés, s'il avait réduit au silence ces écrivains révolutionnaires qui se portent les défenseurs des bourreaux contre leurs victimes !

Serait-ce que M. le Vicomte, en écrivant en faveur des indemnisés, n'aurait pas prévu qu'en blâmant les systèmes proposés par M. le comte de Villèle pour les payer, il nuirait à leur cause, si même il n'arrivait que par son opposition, réunie à d'autres oppositions, l'exécution des indemnités fût renvoyée à des temps indéterminés ; et, en ce cas, combien seraient grands les regrets du noble pair qui, par son opposition, deviendrait responsable du désespoir de ces infortunés, dont la situation serait devenue plus fâcheuse par une espérance déçue ! Ce motif seul serait sûrement suffisant pour qu'on lui sacrifiât le plaisir de faire de l'opposition ; mais, néanmoins, je vais essayer de lui prouver que sa manière de voir en finances est contraire à ses vœux : *le bien public*. J'essaierai de lui prouver que la réduction de la rente, *maintenant facultative*, sera profitable aux rentiers, et que la réduction de l'intérêt, réunie aux autres moyens qui font l'objet du rapport du ministre des finances, produira la somme nécessaire pour acquitter annuellement les intérêts du milliard destiné aux indemnités.

Si je suis assez heureux pour persuader le

noble pair, j'aurai opéré une belle conversion, et je croirai alors avoir rendu un vrai service à mon Roi et à mon pays.

Pour nous entendre, je rappellerai la lettre de M. de Châteaubriant à un pair, dans laquelle il dit :

« Affecter uniquement aux 3 pour 100 l'a- » mortissement, ce serait créer un privilége » aux dépens des 5 pour 100, ce qui est illégal » et injuste. »

Nous répondrons au noble pair que l'illéga- lité cessera lorsque la nouvelle loi sera adoptée ; que l'amortissement, frappant seulement sur les 3 pour 100, ne sera point une injustice en- vers les possesseurs des 5 pour 100, car ils n'éprouveront aucune perte, aucun dom- mage.

Le motif en est simple ; les 77 millions de l'amortissement frappant sur les 3 pour 100, les feront monter de 75 fr., prix de leur émis- sion à 80 ; et si notre crédit atteint celui de l'Angleterre, ils pourraient arriver à 96 fr. ; en ce cas, par cela même que la plus grande partie des 5 pour 100 aura été transformée en 3 pour 100 ; par cela même que les 3 pour 100, en s'élevant en capitaux, dimi- nueront proportionnellement en intérêts, et qu'alors il résultera une grande différence entre le taux de l'intérêt des 5 pour 100 aux 3 pour 100; en ce cas, dis-je, on acquerra des 5 pour 100 préférablement aux 3 p. 100, parce qu'en ce cas aussi ce papier n'offrant plus autant d'espérance d'augmentation en capital, celui qui donnera plus d'intérêt sera préféré. Ainsi, *par cela même que l'amortissement frappera exclusivement sur les 3 pour 100, il résultera que les 5 pour 100 se maintiendront au pair et même un peu au-dessus;* il est donc positif qu'on ne commet aucune injustice envers les créanciers de l'Etat.

Si, par quelque circonstance imprévue, nos rentes baissaient, nécessairement les unes et les autres éprouveraient le même sort; seulement par le nouveau système il serait plus facile de les soutenir, car un levier d'amortissement d'une force égale, doit avoir un double moyen d'influence sur le crédit, quand alternativement il frappe sur une partie des rentes, au lieu de frapper sur leur totalité.

Que le noble pair se rassure aussi sur l'effet *des hausses énormes suivies de baisses aussi terribles* qu'il craint que le nouveau système n'occasionne.

Quand le crédit se sera élevé à sa plus

grande hauteur, alors les mouvemens rapides
ne peuvent plus avoir lieu, parce que l'intérêt étant en rapport avec celui des autres valeurs productives, les rentes doivent rester
fixes ; c'est ce que nous voyons en Angleterre,
car les mouvemens de hausse et de baisse y
sont presque insensibles.

« Les indemnisés en recevant des rentes à
» 3 pour 100 ; comme 100 à 3 pour 100 ne
» valent que 75, elles ne valent que 65 à la
» bourse au cours actuel des 5 pour 100 ; il
» est certain que l'indemnisé qui recevrait
» 100,000 fr. à 3 pour 100, ne toucherait réel-
» lement que les trois quarts ou même les deux
» tiers de cette somme. »

Cette objection prouve évidemment que
l'ex-ministre a oublié les débats qui ont dû
avoir lieu au Conseil dont il était membre, et
dans nos Chambres dont il fait partie. S'il
s'était pénétré de toutes les vérités qui ont été
mises en avant pour prouver la nécessité et
l'avantage de la réduction de la rente, il aurait
eu la conviction que la rente à 3 pour 100
créée à 75, devait s'élever à 80 et même
au-dessus ; mais en prenant seulement ce
taux, il résulterait que le milliard donné aux
émigrés pourrait être échangé contre 800 mil-

lions numéraire, ce qui ne réduit que d'un cinquième l'inscription ; ainsi, pour ceux qui voudront vendre après l'adoption de la loi, ce sera sur cette proportion; et s'ils veulent rester dans la rente, ils profiteront de toutes les chances de crédit que présente le nouveau système. Ils doivent espérer, en ce cas, que leur capital arrivera à 900 millions, proportion de la rente vendue à 90 francs.

Ainsi, il n'y aura donc point de *déception dans le mode de paiement*, et le paiement de ce capital, que le crédit seul permet de pouvoir effectuer et de pouvoir faire élever à ce taux, devrait, ce me semble, être assez persuasif pour faire reconnaître la bonté du système. Mais suivons le noble pair dans ses raisonnemens.

« Mais pourtant il faut bien admettre que » l'on fera un emprunt, ou que l'on aura re- » cours à la caisse d'amortissement pour les » indemnisés; car il n'y a que ces deux ma- » nières de procéder. »

Eh bien ! M. le Vicomte, le gouvernement n'a fait ni l'un ni l'autre; s'il eût fait un emprunt, les banquiers auraient eu leur part de l'indemnité ; et s'il eût pris l'indemnité dans la

caisse d'amortissement, les rentiers auraient
été les victimes de cette mesure par une baisse
subite de nos rentes.

Je sais qu'on peut soutenir qu'il est inutile
qu'un amortissement soit très considérable ;
mais je sais aussi qu'il y a un grand danger à
le réduire. Pour nous convaincre, établissons
la différence des deux moyens, et voyons les
deux résultats.

Avec un fort amortissement on soutient toujours la rente à la plus grande hauteur du crédit ; par cette élévation du capital, on fait des-
cendre l'intérêt de l'argent ; le crédit s'élève,
parce que par un fort amortissement, il se
trouve chaque jour des capitaux disponibles
pour racheter les rentes que la nécéssité ou
un autre emploi forcent à vendre. C'est là toute
la magie qui opère sur le crédit, et non cette
idée que le gouvernement acquitte sa dette.
Un capitaliste ne s'inquiète pas plus de l'ac-
quittement ou de l'amortissement de la dette
de notre gouvernement, que de celle de la
Russie. Voici les combinaisons qui le décident
à prendre des rentes : Espérance de paix inté-
rieure et extérieure ; paiement ponctuel des
intérêts tous les six mois ; et enfin la facul-
té, comme dans une banque qui rembourse

à chaque instant son billet au porteur, d'é-
changer ses inscriptions contre des capitaux.
Par cette analyse, que personne ne conteste-
ra, il est facile de concevoir que tout homme
qui a des capitaux, a un avantage de ne pas les
laisser oisifs; car en acquérant des rentes, il
reçoit des intérêts; et toutes les fois qu'il a une
disposition à faire, il trouve son capital.

En diminuant la somme destinée à l'amortissement, n'aurait-on pas à craindre que la
dernière de mes conditions ne manquât au
crédit? Ne devrait-on pas le craindre plus particulièrement, si l'État éprouvait quelque gêne
dans ses finances par un surcroît de dépenses,
par quelque cause que ce puisse être? C'est
pour un pair de France que j'écris, qui, ayant
été ministre des affaires étrangères, doit sa-
voir qu'il faut être en mesure à tout événe-
ment, d'avoir, par le crédit, tous les moyens
de créer des armées sans recourir à de nouveaux impôts.

Enfin voyons donc les conséquences qui ré-
sulteraient de la réduction de l'amortissement.

Je la suppose de 30 millions : il est évident
que les charges publiques pourraient être di-
minuées de cette somme; c'est là tout l'a-
vantage qu'on pourrait se promettre de
cette réduction, et pour ce petit avantage,

a

on s'exposerait à une baisse qui reporterait nos rentes au point d'où nous sommes partis, c'est-à-dire à 55 pour 100 ! Et pour avoir cette diminution d'impôt à 30 millions, nous serions obligés de créer des impôts nouveaux, pour payer les différences de 55 à 100 de nos emprunts nouveaux !

J'ai dit que la diminution de l'impôt, par une réduction de l'amortissement, était un petit avantage : je dis plus, il n'y en a aucun ; car je ne doute point que M. le comte de Villèle, qui entre maintenant dans la carrière du crédit, ne reconnaisse bientôt que, par un emprunt annuel, à-peu-près égal à la dotation de l'amortissement, il ne puisse diminuer 60 millions de l'impôt foncier sans diminuer l'action du levier de l'amortissement. Il reconnaîtra qu'en réunissant à ces emprunts un capital pour amortir, la propriété remboursera, en 37 ans, les 60 millions qu'on exige d'elle présentement ; ce qui sera pour elle une charge légère, tandis que l'impôt immobilier est un fardeau qui paralyse la reproduction à sa source.

Et pour mieux faire comprendre l'avantage de cette mesure, je ferai observer que si l'amortissement achète 60 millions de rente dans la même année que le Trésor aura vendu la même

somme, la dette sera restée dans la même situation ; il en aura coûté seulement au trésor
ou aux contribuables le droit de courtage
pour l'opération. Ainsi je dirai donc avec le ministre des finances : Conservez votre amortissement intact, comme levier de notre crédit;
c'est l'arche sainte, gardez - vous d'y tou-
cher.

Vous le devez avec d'autant plus de raison,
que vous créez, en faveur des indemnisés,
un milliard de nouvelles inscriptions; que ces
inscriptions seront délivrées à des hommes
qui, ayant des besoins, vendront journelle-
ment des rentes ; et, comme je le répète, en ne
prenant pas à la caisse d'amortissement 3o millions, mais en faisant un emprunt de pareille
somme, le résultat sera le même pour le Trésor et pour l'action de l'amortissement sur
le crédit.

Voilà tout ce que je puis dire présentement
sur l'amortissement; je crois avoir d'autant
plus de raison d'en analyser les effets et les
avantages, que c'est contre l'amortissement que
les financiers - publicistes de nos journaux,
se récrient, et particulièrement M. Fiévée,
qui ne le comprend nullement, ainsi qu'on peut
s'en convaincre en lisant *la Session de* 1816,
publiée par lui.

Revenons maintenant à l'avertissement de la deuxième lettre au noble pair.

« Il faut bien convenir ce que c'est qu'on » entend par le pair. » Je répondrai : Le pair est la valeur du capital nominal le jour de son émission.

Les rentes à 5 pour 100 furent donc au pair lorsqu'elles se vendirent 100 francs.

Les 4 pour 100, ou 3 pour 75 francs, seront au pair, quand ces rentes seront arrivées à cent.

Enfin, quand les 30 millions donnés aux indemnisés seront arrivés à 100 francs, les indemnisés auront reçu le pair de la création du milliard qui leur est destiné.

Maintenant le noble vicomte saura ce que c'est que le pair, et il saura aussi que chaque fois qu'une espèce de rente y sera arrivée, le gouvernement sera en droit de rembourser le capital nominal.

« Ainsi les indemnités, successivement payées » dans l'espace de cinq ans, auront pour hy- » pothèques les caprices de la fortune. »

Je me permettrai d'observer à M. le Vicomte, que nécessairement il y a une confusion dans ses idées, bien plus difficile à débrouiller que le pair à 100 francs.

Si j'ai bien compris le projet de loi , il n'est pas question de donner en espèces un milliard en cinq ans, mais bien seulement des inscriptions chaque année, lesquelles porteront intérêt à 3 pour 100, et pour le paiement desquelles le ministre a demandé un crédit annuel de 6 millions. On ne sait donc pas ce que les indemnisés auraient de plus à craindre que les autres créanciers, *des caprices de la fortune.* Rien n'est plus facile pour un gouvernement que de transcrire des rentes même pour *un petit milliard,* même pour *plusieurs petits milliards ;* le difficile est d'en servir les intérêts, et c'est ce qui est assuré par la loi présentée. Il ne peut donc y avoir qu'irréflexion de la part du noble pair ; car je ne voudrais pas supposer qu'il a eu l'intention de donner de la défiance aux indemnisés, sur la possibilité que les engagemens que le gouvernement prend avec eux ne puissent se réaliser ; et, par l'impression de cette crainte, « les forcer à » vendre en herbe leurs moissons, au profit » des bandes qui se formeront. »

En puisant à la caisse d'amortissement, ainsi que le conseille le noble pair, croit-il que les indemnisés seraient plus à *couvert des caprices de la fortune?* Je ne le pense pas ; car si le

Trésor manquait à ses engagemens pour payer les rentiers, la caisse d'amortissement ne serait pas plus favorisée.

« En faisant servir les indemnités par la » caisse d'amortissement, on aurait l'immense » avantage de ne pas suspendre ces indemni- » tés en l'air, de leur assigner une base, de » ne pas faire d'une grande opération politi- » que un coup de fortune, un billet de lote- » rie, une fantasmagorie, le rêve d'un joueur, » la fable du *Pot au lait.* »

N'en déplaise à M. de Châteaubriant, à qui croit-il donc en imposer par cet étalage de grands mots sans signification ? Prend-il les Français pour des enfans qu'on endort avec des fables ? Est-ce bien sérieusement qu'il a eu l'intention de persuader, à l'aide de sa fertile imagination que, parce que l'argent du Trésor passerait par la caisse d'amortissement pour arriver aux indemnisés, il acquer- rait, par ce transfert, une base plus solide ? Que penser de tels raisonnemens et de consé- quences aussi futiles et aussi déplacées, si ce n'est que le noble pair avait perdu de vue le grave sujet qui l'occupait, et que dans sa dis- traction il s'est persuadé qu'il travaillait à un roman ou à un conte des *Mille et un jours ?*

« Et pourquoi les rentiers à 5 pour 100 au-
» raient-ils 75 fr. et, les expropriés seulement
» 60 fr. ; on voit bien pourquoi : cela est-il
» juste ? »

De toutes les critiques du noble pair, la plus
erronée est celle-ci. S'il eût un peu plus ré-
fléchi à la différence de position des uns et
des autres, il se serait évité d'accuser le gouvernement d'injustice envers les expropriés ;
qu'il lise et qu'il se juge.

Les créanciers de l'État n'ont point 75 fr. à
recevoir du Trésor ; seulement, en vendant
leurs rentes, ils auront 75 fr., plus ou moins,
selon la variation du cours.

Les expropriés aussi recevront, en vendant,
les mêmes prix ; car il ne peut y avoir aucune
différence pour des valeurs semblables, les
unes et les autres étant à 3 pour 100.

Le noble pair a confondu les deux situa-
tions, tandis qu'elles sont très distinctes. La
créance des rentiers est fixée à 5 pour 100, et
on leur dit : Voici votre remboursement, ou
bien, nous vous transférerons vos 5 pour 100
en 4 pour 100 ; et en ce cas votre titre sera
augmenté d'un tiers en capital ; d'où il résultera aussi que le titre de trois cents francs, qui
produisait 15 fr. de rente, sera transféré au

capital de 400 fr., mais ne produira que 12 fr. de rente; il est évident que par cette mesure le gouvernement emprunte de ses créanciers la partie du capital dont il augmente le titre, et que par le cinquième retenu, il reçoit la valeur de cette augmentation de capital.

Pour les expropriés, le gouvernement a déterminé fixément qu'ils recevraient trente millions représentant un milliard de capital, et cette fixation ne peut exiger aucune variation, puisqu'on ne leur fait aucune retenue sur les intérêts; ils ne peuvent donc avoir droit à une augmentation de capital; enfin c'est une création nouvelle qui a des bases qui ne peuvent en aucune manière être assimilées aux anciennes dettes de l'État.

Le noble pair a donc étrangement abusé de la confiance de ses lecteurs, en présentant comme une injustice la mesure de finances la plus favorable aux indemnisés; tandis qu'en admettant son système de prendre les trente millions d'indemnités à la caisse d'amortissement, il ferait éprouver aux expropriés une perte de 300 millions. Pour mieux faire sentir cette vérité, je vais la prouver par une démonstration.

Nous établirons une base d'indemnité commune aux deux systèmes, qui serait de donner trente millions de rente aux expropriés. Selon le noble pair, on conserverait les 5 pour 100 ; on diminuerait la dotation de la caisse d'amortissement de 3o millions; cette somme serait destinée à servir la rente des indemnisés; la caisse d'amortissement n'achèterait plus au-dessus du pair.

Selon Son Excellence M. le Comte de Villèle, ils recevraient 3 pour 100, inscrits pour un milliard représenté par 3o millions de rentes.

Ces faits doivent bien être fixés, car il faut que nos législateurs choisissent enfin entre l'un ou l'autre système, puisque les contradicteurs de la réduction de la rente sont au moins d'accord qu'il serait contraire aux intérêts généraux de la société, de racheter au-dessus du pair en continuant de payer la rente à 5 pour 100.

Quel système choisiront donc les intéressés ? Il ne peut y avoir de doute. Comme dans l'un et l'autre cas ils n'auront que trente millions de rentes à recevoir ; que par le système du ministre ils auront l'espérance, je dirai plus, la certitude de réaliser le capital à un taux progressif de 75o millions à 9oo mil-

lions, tandis que par le système de M. de Châteaubriant le capital reste immuable à 600
millions, *avec toutes les chances de baisse dans
l'un et l'autre système*; il est donc évident que
les indemnisés perdraient 300 millions au rejet
du projet ministériel en faveur de celui du noble
pair; car en supposant que les 3 pour cent des-
cendissent à 60 fr., le remboursement du capital par la vente à la Bourse représenterait
toujours 600 millions, somme égale à celle que
produirait le système de M. de Châteaubriant,
sans que dans aucun cas, par son système,
le capital pût s'élever.

On ne peut donc s'empêcher de reconnaître
que le gouvernement n'est point injuste envers
les expropriés; que le ministre des finances
a présenté un projet tellement avantageux à tous
les Français, qu'aucune classe de la société n'en
sera lésée; que cette conception est infiniment
habile; qu'enfin elle n'est qu'une importation
des mesures prises en Angleterre pour réduire
les intérêts qui étaient à 8 pour 100, et les faire
tomber progressivement à 3 un quart pour 100;
que ce fut au moyen de ce système, suivi avec
persévérance par l'immortel Pitt, que son gouvernement a pu payer toutes les armées du con-
tinent, en même temps que l'agriculture, le

commerce et la marine arrivaient rapidement à leur plus grande prospérité.

J'arrive enfin à la conclusion de cette critique du système de M. de Villèle, critique si remarquable par le peu de justesse de raisonnement sur un sujet aussi positif, que je m'étonne qu'elle soit émanée de M. de Châteaubriant; et je m'empresse de terminer cet examen par cette citation non moins erronée que toutes les autres; car il nous dit : « Il y a peut-être quelque imprudence à re- » muer ainsi les fortunes, parce que c'est » remuer les mœurs. »

Mais je ne vois rien dans les projets de loi qui tende à cette désastreuse conséquence, à moins que le noble pair n'entende, par le mouvement de fortune qu'il redoute, le changement qui surviendra à beaucoup d'émigrés, en descendant du sixième étage au premier, changement néanmoins qui ne doit pas avoir la malheureuse influence qu'il appréhende, de les détourner des principes moraux qu'ils professaient dans une situation moins heureuse.

C'est ainsi que l'homme le plus spirituel peut se tromper gravement, quand il traite des sujets qui ne sont point du domaine de l'imagination. J'en appelle au noble pair de mes observations; j'espère que, convaincu de leur vérité, il me les pardonnera en faveur du motif. Il me pardonnera d'autant mieux que la cause des expropriés est aussi la mienne; qu'il est donc dans mon intérêt que par des prestiges funestes à tous, nous ne soyons pas frustrés des avantages que nous promet le projet ministériel.

Je le crois de trop bonne foi pour qu'il puisse se formaliser de ce que j'aurais détruit, par des raisonnemens incontestables , une censure qui pourrait nuire à la cause qu'il défend.

J'ai lu quelque part que le noble pair n'avait pas tout dit sur la rente; je le crois; et moi aussi je n'ai pas tout dit; car j'ai omis de prouver que le milliard ajouté à la dette publique au profit des rentiers, était un avantage pour le Trésor.

Le bénéfice est tel qu'une maison de banque le consentirait pour une opération de finances qui lui serait propre; c'est la meilleure preuve que je puisse offrir de la bonté d'une telle mesure; car l'intérêt particulier ne saurait s'abuser, si l'avantage n'était pas positif.

Nous établirons donc que le Trésor doit

3 milliards, pour lesquels il paye une rente
de...................... 15o millions
    Cette rente réduite d'un cin-
quième, n'est plus que de..... 12o millions
____

    Bénéfice au profit du Trésor..   3o millions

Par le transfert de 5 pour 100 en 3 pour
100, le Trésor devra 4 milliards.

Quoiqu'il soit peu croyable que subitement
les 3 pour 100 puissent s'élever à 9o francs,
je veux bien adopter ce taux, pour que les
contradicteurs du système ne m'accusent pas
de partir d'une base favorable à mon opinion.

Je veux bien aussi porter la dotation de l'a-
mortissement à 8o millions, somme plus éle-
vée cependant que le projet de loi ne l'exige,
ce qui est encore favorable aux détracteurs
du système.

Il résulte cependant de ces faits ainsi éta-
blis, que les 3 pour 100, émis à 75 fr. et ra-
chetés à 9o fr., ne donnent de différence, en
perte pour le Trésor, que 16 millions, qu'il
faut distraire des 3o millions du cinquième retenu, et qui, en définitif, laissent annuellement au Trésor un bénéfice de 14 millions.

Que les contradicteurs du système de réduction, s'ils sont de bonne foi, se pénètrent

bien du principe que l'État ne se libère envers son créancier que par l'amortissement; et qu'attendu qu'autant de temps que pourra durer la dette publique, la différence de 75 fr. à 90 fr., payée par l'amortissement, sera toujours compensée par le cinquième retenu avec un bénéfice annuel de 14 millions; il résultera donc évidemment qu'on ne peut contester les avantages positifs du Trésor.

On doit encore se convaincre que les dettes publiques doivent être considérées comme indispensables aux sociétés modernes, pour le placement de leurs capitaux; qu'en conséquence se serait une calamité publique que l'extinction entière de la dette; que le ministre des finances doit donc se borner à en limiter la trop grande extension, afin que, n'étant pas disproportionné avec les capitaux européens, le taux se rapproche de la valeur nominale.

En partant de ce principe, on peut donc, dans le plus grand intérêt public, emprunter et amortir annuellement une somme égale, afin que, par cette opération, on puisse alléger le fardeau des impôts; on le peut d'autant mieux, qu'en laissant l'amortissement à 80 millions et la dette à 5 milliards, en y comprenant celui à donner aux expropriés, trente années environ suffiraient pour l'acquitter entièrement, toutefois si les charges publiques étaient telles qu'on pût décider qu'il y aurait utilité pour les contribuables d'employer la dotation de l'amortissement à diminuer la dette de l'État. J'ai encore omis de rappeler que par la centralisation à Paris, tous les capitaux y sont transportés ; ce qui doit nécessiter, de dix années en dix années, une révolution financière pour forcer ces mêmes capitaux à se reporter sur les extrémités et dans le centre de la France, afin d'accroître les moyens de multiplier les produits pour créer de nouveaux capitaux. C'était positivement le grand mérite du système de 1824, puisqu'il ne devait avoir son exécution qu'au moyen des grands capitaux que les banquiers européens devaient transporter à Paris, capitaux qui auraient fait refouler une somme égale sur les départemens. Néanmoins le ministre des finances a été contraint de se désister de ce système. Si déjà je n'étais persuadé que l'assentiment des trois pouvoirs ne peut rien créer, et que leur attribution devrait se borner à conserver nos institutions fondamentales, j'en aurais été entièrement convaincu par le rejet de cette loi de finances, dont les effets heureux eussent été incalculables pour nos départemens.

Espérons que le nouveau système, qui est plus analogue aux idées qui furent développées par l'opposition de la Chambre des pairs, aura plus de succès; au moins cette fois l'opposition ne pourra point appeller au secours de son éloquence la *triste situation des petits rentiers* et les grands *bénéfices des banquiers*. Ces deux motifs lui manquant, on doit compter d'autant mieux sur une majorité, que cette Chambre sera pénétrée que de l'adoption des deux lois dépend l'existence de vingt mille familles.

FIN.

IMPRIMERIE ANTH^e. BOUCHER, RUE DES BONS-ENFANS, N°. 34.